마음 고요 미술관

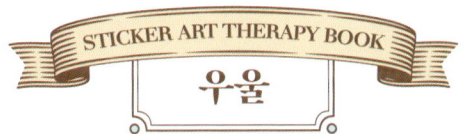

일러두기

본 도서에 수록된 명화 이미지는 모두 저작권이 소멸된 퍼블릭 도메인Public Domain 작품으로, 예술 아카이브 플랫폼 Artvee(artvee.com) 또는 Shutterstock에서 제공된 원화를 기반으로 제작되었습니다. 일부 이미지는 도서의 콘셉트에 맞추어 색상 및 형태를 재구성하였으며, 이는 순수한 교육·문화적 목적의 재가공임을 밝힙니다.

마음 고요 미술관

초판 1쇄 발행 2025년 11월 30일

지은이 콘텐츠기획팀
펴낸이 김영조
감수 신동근(정신과 의사), 유미(미술치료 전문가)
편집 김윤하, 최희윤 | **디자인** 오주희 | **마케팅** 김민수, 강지현 | **제작** 김경묵 | **경영지원** 정은진
일러스트 여승규 | **교정** 김혜원, 오진하 | **외주디자인** 김영심 | **명화** Artvee, Shutterstock
펴낸곳 싸이프레스 | **주소** 서울시 마포구 양화로7길 44, 3층
전화 02)335-0385 | **팩스** (02)335-0397
이메일 cypressbook1@naver.com | **홈페이지** www.cypressbook.co.kr
블로그 blog.naver.com/cypressbook1 | **포스트** post.naver.com/cypressbook1
인스타그램 싸이프레스 @cypress_book | 싸이클 @cycle_book
출판등록 2009년 11월 3일 제2010-000105호

ISBN 979-11-6032-258-3 13630

- 이 책은 저작권법에 따라 보호를 받는 저작물이므로 무단 전재 및 무단 복제를 금합니다.
- 책값은 뒤표지에 있습니다.
- 파본은 구입하신 곳에서 교환해 드립니다.
- 싸이프레스는 여러분의 소중한 원고를 기다립니다.

마음 고요 미술관

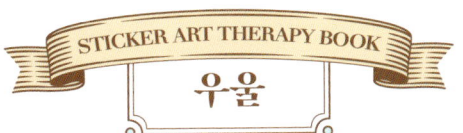

STICKER ART THERAPY BOOK

우울

감수의 글

Reviewer's note

　그림은 단순한 표현을 넘어 '회복의 언어'가 됩니다. 말로는 다 전할 수 없는 감정과 삶의 경험이 색과 선, 그리고 형상 속에 들어있으며 그 속에 놀라운 치유의 힘이 숨어 있기 때문입니다.
　특히 명화는 시대를 초월해 인간의 내면을 가장 솔직하게 담아낸 시간의 기록입니다. 화가들이 그려낸 고통과 슬픔, 희망, 용기, 그리고 사랑이 교차하는 수많은 장면 속에서 우리는 자신과 닮은 이야기를 발견하고, 마음의 결을 어루만지게 됩니다. 그렇게 명화는 오늘을 살아가는 우리의 마음과 깊이 이어져 있습니다.
　명화를 감상하는 사람에게 치유적인 효과가 생기는 이유는 감상자 역시 예술가이기 때문이기도 합니다. 보들레르는 '예술은 인간의 천성이고 천성은 신의 예술이다'라고 말했습니다. 즉 '인간은 예술가로서 타고났다'는 뜻이지요. 그의 말처럼 우리 모두는 타고난 예술가입니다. 그래서 아름다운 경치, 아름다운 사람, 아름다운 그림, 아름다운 노래에 감동받는 것입니다.
　명화를 통해 어떤 사람은 감정이 자극되며 치유의 경험을 하고, 어떤 사람은 내면의 예술가가 영감을 받아 아름다움을 느끼며 치유를 경험하기도 합니다. 미술 작품이 주는 지적인 즐거움을 놀이처럼 즐기는 사람도 있고, 나도 모르게 내면의 불편한 충동이 발산되기도 하며 자기성찰이 이루어지기도 합니다.

　이 워크북은 그러한 명화의 언어를 통해 자신과 마주하고, 마음을 표현하며 회복을 경험하여 치유에 도움에 되도록 제작되었습니다. 명화를 감상하고, 이후 감정의 여운을 간단한 활동으로 이어가도록 하여 예술이 건네는 위로를 스스로 체험할 수 있도록 구성했습니다. 그림을 보고, 느끼고, 손끝으로 다시 완성해가는 모든 과정이 당신 안의 이야기와 만나는 시간이 되었으면 합니다.

　심리적 문제 중에선 특히 현대인에게 많은 우울, 불안, 스트레스를 중점적으로 다루었습니다. 〈우울〉 편에서는 우울한 감정을 공감하기도 하고 점차 벗어나서 희망으로 가는 여정을 담았으며, 〈불안〉 편에서는 불안을 공감하는 데서 출발해 심리적 안정으로 찾아가도록 했습니다. 〈스트레스〉 편에서는 스트레스 이완에 도움이 되며 내면의 스트레스를 분출하도록 구성했습니다. 명화를 감상하는 것만으로도 치유적 효과가 있지만 스티커 작업은 직접 창조해가는 즐거움을 주며 치유 효과를 더할 것입니다.

　한 점의 그림이 한 사람의 마음을 바꾸고, 그 마음이 세상을 조금 더 따뜻하게 만든다는 마음으로 이 책을 독자 여러분께 건넵니다.

　〈마음 고요 미술관〉이 예술의 빛으로 당신의 마음을 비추고, 그 빛이 다시 누군가의 길을 밝히는 시작이 되기를 바랍니다.

신동근, 유미

스티커 아트 테라피 북, 이렇게 활용하세요!

How to use Sticker Art Therapy Book

    이 책은 폴리곤 아트Polygon Art 스티커를 붙이며 명화를 완성하는 스티커 아트 테라피 북Sticker Art Therapy Book입니다.
    아우구스트 마케의 〈우리의 회색 거리〉, 메리 카사트의 〈여름철〉 등 '우울'이라는 감정을 효과적으로 달랠 수 있는 작품으로 구성하였습니다.
    스티커 조각 수를 줄여 완성에 대한 부담을 줄이고, 손끝의 작은 집중이 마음을 고요하게 이끌도록 돕습니다. 완성된 명화를 보며 성취감을 느낄 수 있으며, 해냈다는 자신감도 얻을 수 있습니다. 또한 정신과 의사 및 미술치료 전문가의 작품 해설을 넣어 우울한 마음을 달래는 데 더욱 효과적입니다.
    책은 크게 앞부분의 작품 면과 뒷부분의 스티커 면으로 나뉩니다. 작품 면에는 실제 스티커를 붙일 수 있는 바탕지 10개가 있으며, 우울한 마음을 직관적으로 느낄 수 있는 작품부터 감정을 해소할 수 있는 작품 순으로 나열하였습니다. 책의 내용을 확인했다면, 이제 스티커를 붙여볼까요?

1. 작품을 고르세요

오늘의 감정에 맞는 작품을 선택하세요. 지금 내 감정과 가장 닮은 색이나 분위기의 그림을 고르는 것, 즉 내 감정을 살피는 것부터가 치유의 시작입니다.

2. 마음을 가다듬고 스티커를 붙이세요

본문에 있는 작품 면과 같은 제목(작품명은 작품 면 뒤쪽에 있습니다.)의 스티커를 찾아 옆에 준비해둡니다. 작품 면(바탕지)에 있는 번호와 같은 스티커를 찾아 천천히 붙입니다. 정확하게 붙이거나 빨리 붙이는 것이 목표가 아니라 '조용히 몰입하는 시간' 그 자체가 치유의 핵심입니다. 호흡을 고르고 색과 형태가 채워지는 과정을 온전히 즐깁니다.

3. 완성된 그림을 감상하세요

스티커를 모두 붙여 작품을 완성했다면 내가 만든 명화를 충분히 감상하세요.

4. 나만의 미술관을 만들어 보세요

완성된 작품을 책에서 분리해 벽이나 냉장고, 책상 등에 전시해 보세요. 또는 사진을 찍어 SNS에 공유하며, '오늘 나를 닮은 그림'으로 하루를 간직한다면, 조용하지만 확실한 회복의 순간이 쌓입니다.

5. 여유롭게 천천히 해도 괜찮아요

시간 내에, 하루 내에 또는 완벽하게 다 붙여야 한다는 강박을 버리는 것이 좋습니다. 하루에 한 조각만 붙여도, 한 작품만 완성해도 충분합니다. 나를 위해 무언가를 시도했다는 그 자체로 이미 훌륭합니다.

한눈에 보는 스티커 아트

Contents

1 돌아오는 어선
바탕지…11 | 스티커…33~36

2 보트를 탄 여인
바탕지…13 | 스티커…37~40

3 우리의 회색 거리
바탕지…15 | 스티커…41~44

4 아말피 해안
바탕지…17 | 스티커…45~48

5   아히르카피 등대
바탕지…19 | 스티커…49~52

6   대운하 건너편
산 조르조 마조레 섬을
바라보는 풍경
바탕지…21 | 스티커…53~56

7   배에 탄 사람들과
그 너머로 펼쳐진 광활한 풍경
바탕지…23 | 스티커…57~60

8   보트 위의 어머니와 아이
바탕지…25 | 스티커…61~64

9   여름철
바탕지…27 | 스티커…65~68

10   보트 탄 사람들의 점심
바탕지…29 | 스티커…69~72

마음의 평화를 원한다면,
자기 생각과의 싸움을 멈춰야 한다

— 피터 맥 윌리엄스

1

돌아오는 어선
Returning Fishing Boats(1883)

———

윈슬러 호머 Winslow Homer(미국, 1836~1910)

〈돌아오는 어선〉은 해 질 녘 해안으로 돌아오는 어선들을 묘사한 작품입니다. 하루를 다 보내고 바다에서 돌아오는 작은 배, 그 뒤로 짙게 깔린 구름. 격렬한 폭풍도 찬란한 햇살도 없는 그 사이 어딘가에 놓여 있는 배가 마치 우울한 감정과 닮아 있습니다. 그러나 바다는 완전히 어둡지만은 않습니다. 어선 뒤로 보이는 증기선은 산업화와 근대화의 상징으로써 새로운 시대의 인식과 여명을 알려 주고, 아직 완전히 지지 않은 태양은 우리에게 미래에 대한 희망과 삶의 에너지를 불어넣고 있습니다.

2

보트를 탄 여인
Woman In A Boat(1922)

페카 할로넨 Pekka Halonen(핀란드, 1865~1933)

보트를 탄 외로운 여인의 모습은 때때로 사람들이
느낄 수 있는 고독감과 외로움, 우울감을 느끼게
합니다. 그렇기에 우리는 그림에 공감할 수 있습니다.
그림을 찬찬히 둘러보면 그림 속의 여인은 자연 속에
위로받고 있음을 알 수 있습니다. 잔잔한 호수 주변의
긴 나무들과 호수에 비친 나무들의 반복된 세로선은
'일어났다', '서 있다'는 느낌을 줍니다. 또한 호수에
비친 배의 모습에, 혼자라는 느낌이 들지 않습니다.
그림 속의 여인은 물에 비친 자신의 모습을 통해
사유의 시간을 갖는 것은 아닐까요? 낮은 채도의 초록
색상은 그런 사유의 시간을 갖기에 충분해 보입니다.

3

우리의 회색 거리
Our street in gray(1911)

―

아우구스트 마케 August Macke(독일, 1887~1914)

아우구스트 마케는 인간의 감정과 일상생활의
본질을 표현하기 위해 색채와 형식을 혁신적으로
사용한 화가로 알려져 있습니다. 회색 톤의 그림은
심리적으로 우울하고 고독한 느낌을 주기도
하지만, 종종 사유와 정화, 감정이 정리되고
통합되는 과정으로 간주되어 중화되고 차분한
마음을 갖게 합니다. 회색 톤의 그림에 나타나는
파스텔 톤의 벽, 그리고 사람들과 말의 붉은빛
색채는 '깨어 있음'과 '생명력'을 느끼게 합니다.

4

아말피 해안
Amalfi Coast

프란츠 리하르트 운터베르거 Franz Richard Unterberger(오스트리아, 1838~1902)

아말피 해안은 19세기 중후반부터 현재에 이르기까지
유럽 예술가와 여행자들에게 낭만적이고 이국적인 장소로
알려져 있습니다. 그림 안에 펼쳐지는 하얀 집과 눈부신
하늘 아래 달콤한 대화를 나누는 듯한 남녀가 있습니다.
화려하고 이상화된 빛과 분위기는 낭만적인 감성과 함께
현실의 세계임에도 불구하고 판타지를 자극하여 우울감을
달래고 이상을 꿈꾸게 합니다. 오른쪽에 혼자 있는 남자는
왼쪽의 밝은 하늘, 다정한 연인의 화려함과는 대비됩니다.
어쩌면 어둠 속에 있는 남자가 마치 자신처럼 느껴질 수도
있지만, 그림 속 남자는 자신이 마주한 밝은 빛을 감상하고
있는 것일지도 모릅니다.

5
아히르카피 등대
The Ahirkapi Lighthouse

마이클 제노 디머 Michael Zeno Diemer(독일, 1867~1939)

이 작품은 도시와 자연, 문명과 고요함의 경계를
시적으로 담은 그림으로 평가받고 있습니다.
바다의 진한 푸르름과 우뚝 솟은 등대를 통해
고요한 정막감 속에서도 힘을 얻게 합니다. 화려한
색채도, 인물의 움직임도 없는 그림이지만, 어둠
속에서 빛으로 방향 감각을 주고 있는 등대는 '삶의
방향을 잃지 않으려는 마음'으로 해석되며, 동시에
희망과 지향의 상징으로 우리에게 다가옵니다.

6

대운하 건너편 산 조르조 마조레 섬을 바라보는 풍경
View across the Grand Canal to San Giorgio Maggiore(1898)

프란츠 리하르트 운터베르거 Franz Richard Unterberger(오스트리아, 1838~1902)

이 작품은 작품명처럼 베네치아의 대운하
건너 산 조르조 마조레 섬을 바라보는 전경을
표현했습니다. 푸른 바다와 대비를 이루는 핑크빛
건축물이 환상적인 모습을 자아내어 판타지를
자극합니다. 또한 운하 위를 떠다니는 곤돌라와
배들이 오가는 모습이 마치 천천히 평화롭게
움직이는 것처럼 느껴집니다. 삶이 무겁게 느껴질
때 밝은 핑크빛과 어두운 푸른색이 함께 있는
평온한 그림을 보면 강요되지 않은 희망을 느낄
수 있습니다. 마치 잠시 멈춰도 괜찮다고 말해주는
것처럼 말입니다.

7

배에 탄 사람들과 그 너머로 펼쳐진 광활한 풍경
Figures in a boat with an extensive landscape beyond

로버트 손 웨이트 Robert Thorne Waite (영국, 1842~1935)

조용한 호수 위의 인물들과 그 뒤로 펼쳐진 광활한 자연 풍경. 이 작품은 인간과 자연, 고요함을 담고 있습니다. 배에 탄 사람들은 땅 가까이 있지만 내릴 생각이 없어 보입니다. 마치 보트는 외부로부터 분리된 작은 세계처럼 보이며, 커다란 나무는 배의 그늘막이 되어 위로와 보호를 주는 것 같습니다. 보는 이에 따라 출항을 기다리는 것처럼 보일 수도, 잠시 쉬고 있는 것처럼 보일 수도 있습니다. 일관된 것은 이들이 평온해 보인다는 사실입니다. 우울해 보이거나, 초조해 보이지 않습니다. 드넓은 자연과 전반적인 색채 흐름이 감정의 평온을 유지하며, 심리적 안정감을 전달합니다.

8

보트 위의 어머니와 아이
Mother and Child in a Boat (1892)

에드먼드 찰스 타벨 Edmund Charles Tarbell (미국, 1862~1938)

'어머니와 아이'라는 주제는 대체로 자아·안정·보호의 원형적 이미지를 담고 있다는 점에서 시각적으로 이상적인 아름다움과 정서적 따스함을 줍니다. 보트는 물 위에 떠 있는 불안정한 공간이지만 아이에게는 어머니가 있어 안전한 공간으로 바뀝니다. 어머니는 한 손으로 보트가 움직이지 않게 균형을 잡고 있으며 한 손으로는 아이를 안고 아이에게서 시선을 떼지 않습니다. 어머니와 아이를 감싸는 부드러운 빛은 모성의 사랑이 외부 세계까지 스며드는 확장된 감정을 상징합니다. 잔잔한 물결이 주는 위로와 구도와 색채의 안정감, 따뜻한 모성은 마음을 안정시키는 데 도움이 됩니다.

9
여름철
Summertime(1894)

———

메리 카사트 Mary Cassatt(미국, 1844~1926)

잔잔한 호수 위에서 두 여성이 작은 보트를 타고
오리들을 바라보는 장면은 휴식과 평온을 느끼게
합니다. 작품에서 호수의 색채는 많은 변화와
다양성이 표현되어 일반적으로 우울을 상징하는
'호수'가 아닌 외부에 대한 관심과 탐색으로
다가오며, 여성의 시선은 자연과의 교감에
집중하는 모습으로 비춰집니다. 잔잔한 호수는
평온을 상징하면서도 색채의 다양한 변화로 인해
감상자로부터 호기심과 활력을 느끼게 합니다.

10
보트 탄 사람들의 점심
Luncheon of the Boating Party

피에르 오귀스트 르누아르 Pierre-Auguste Renoir(프랑스, 1841~1919)

센 강변의 한 레스토랑에서 친구들이 화창한
오후를 즐기는 모습입니다. 그림은 생동감 넘치는
색채와 인물들의 표현, 빛으로 가득 찬 즐거운
분위기는 보는 이로 하여금 일상생활에서의 소소한
행복과 즐거움을 느끼게 합니다. 우리 모두 힘든
순간 속에서도 때때로 이런 시간을 갖고 살아가고
있지 않나요?

STICKER ART THERAPY BOOK

1	돌아오는 어선	스티커…33~36
2	보트를 탄 여인	스티커…37~40
3	우리의 회색 거리	스티커…41~44
4	아말피 해안	스티커…45~48
5	아히르카피 등대	스티커…49~52
6	대운하 건너편 산 조르조 마조레 섬을 바라보는 풍경	스티커…53~56
7	배에 탄 사람들과 그 너머로 펼쳐진 광활한 풍경	스티커…57~60
8	보트 위의 어머니와 아이	스티커…61~64
9	여름철	스티커…65~68
10	보트 탄 사람들의 점심	스티커…69~72

스티커 1~40

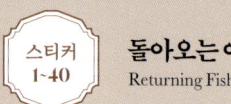

돌아오는 어선

Returning Fishing Boats

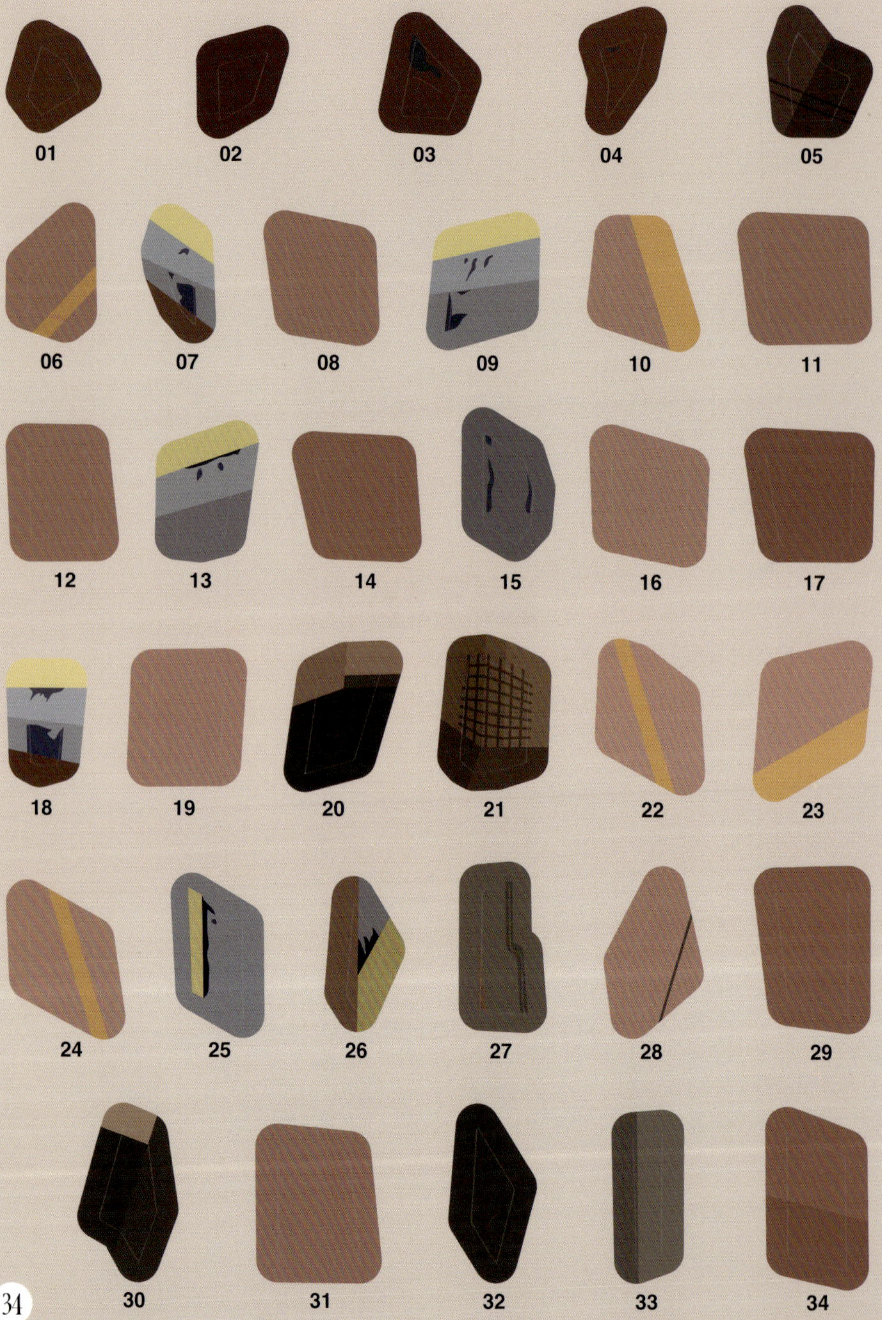

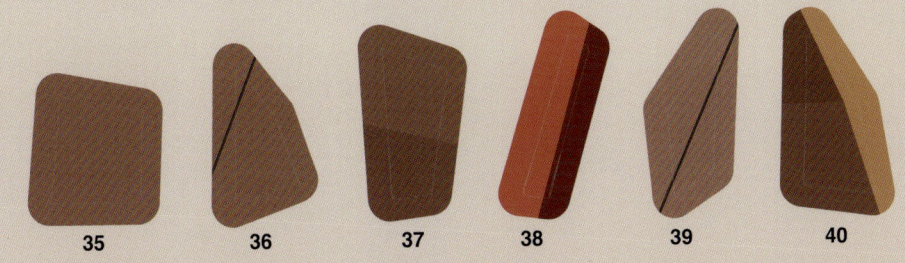

35　　　　36　　　　37　　　　38　　　　39　　　　40

+ 보너스 스티커를 다이어리나 노트에 활용해 보세요.

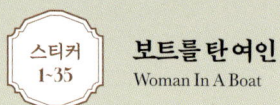

보트를 탄 여인
Woman In A Boat

01	02	03	04	05
06	07	08	09
10	11	12	13	14	15
16	17	18	19	20
21	22	23	24	25
26	27	28	29	30

스티커 1-35

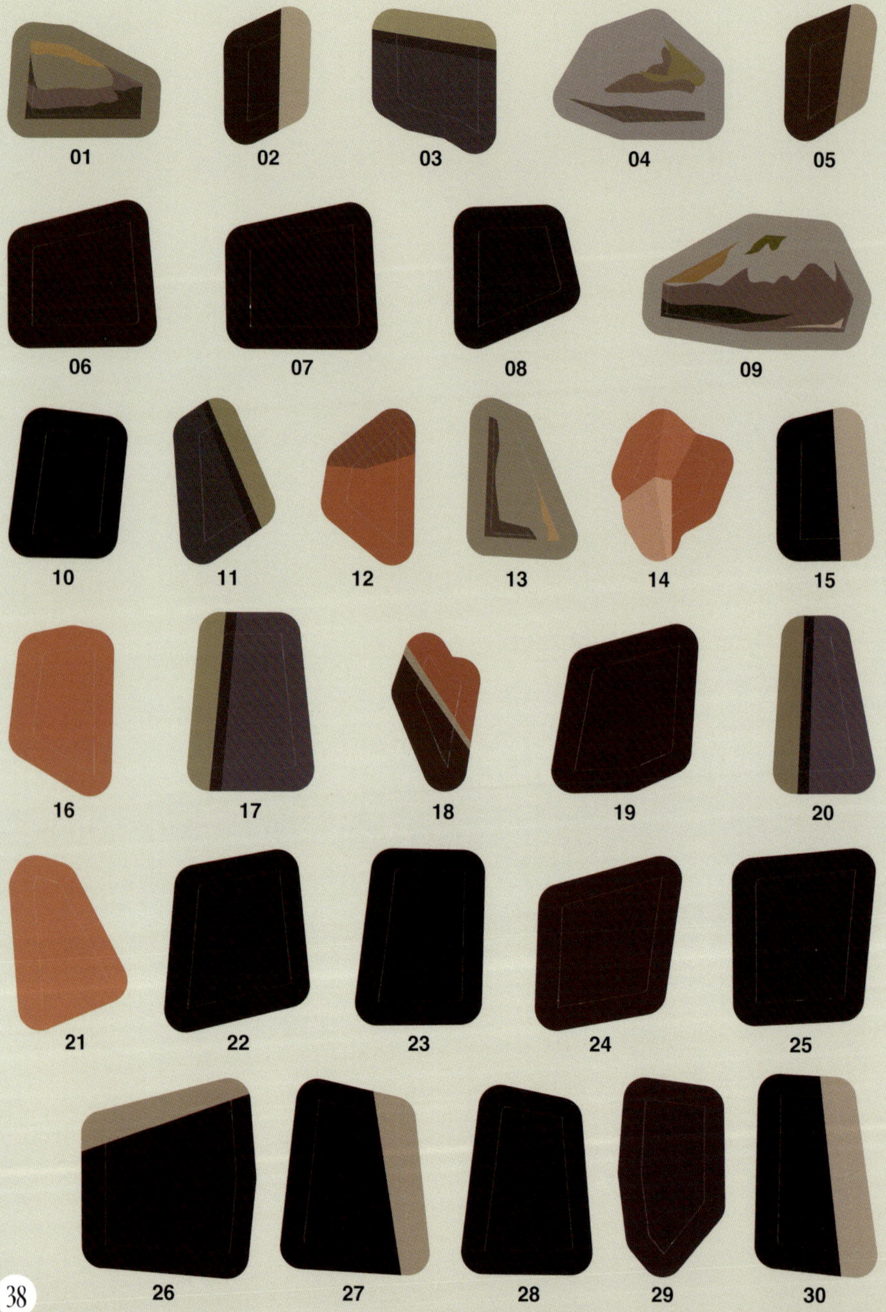

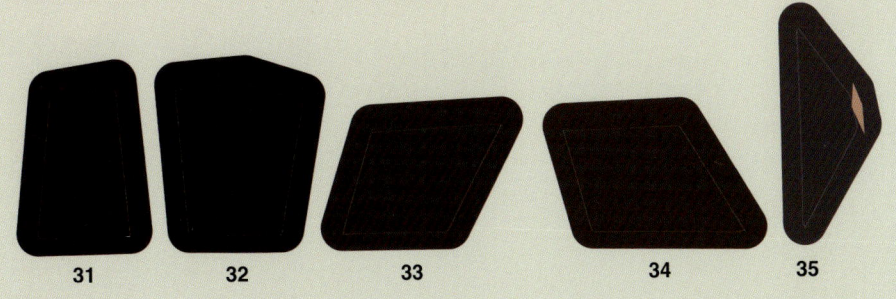

31 32 33 34 35

스티커
1-55

우리의 회색 거리
Our street in gray

 01
 02
 03
 04
 05
 06

 07
 08
 09
 10
 11
 12

 13
 14
 15
 16
 17
 18

 19
 20
 21
 22
 23
 24

 25
 26
 27
 28
 29
 30

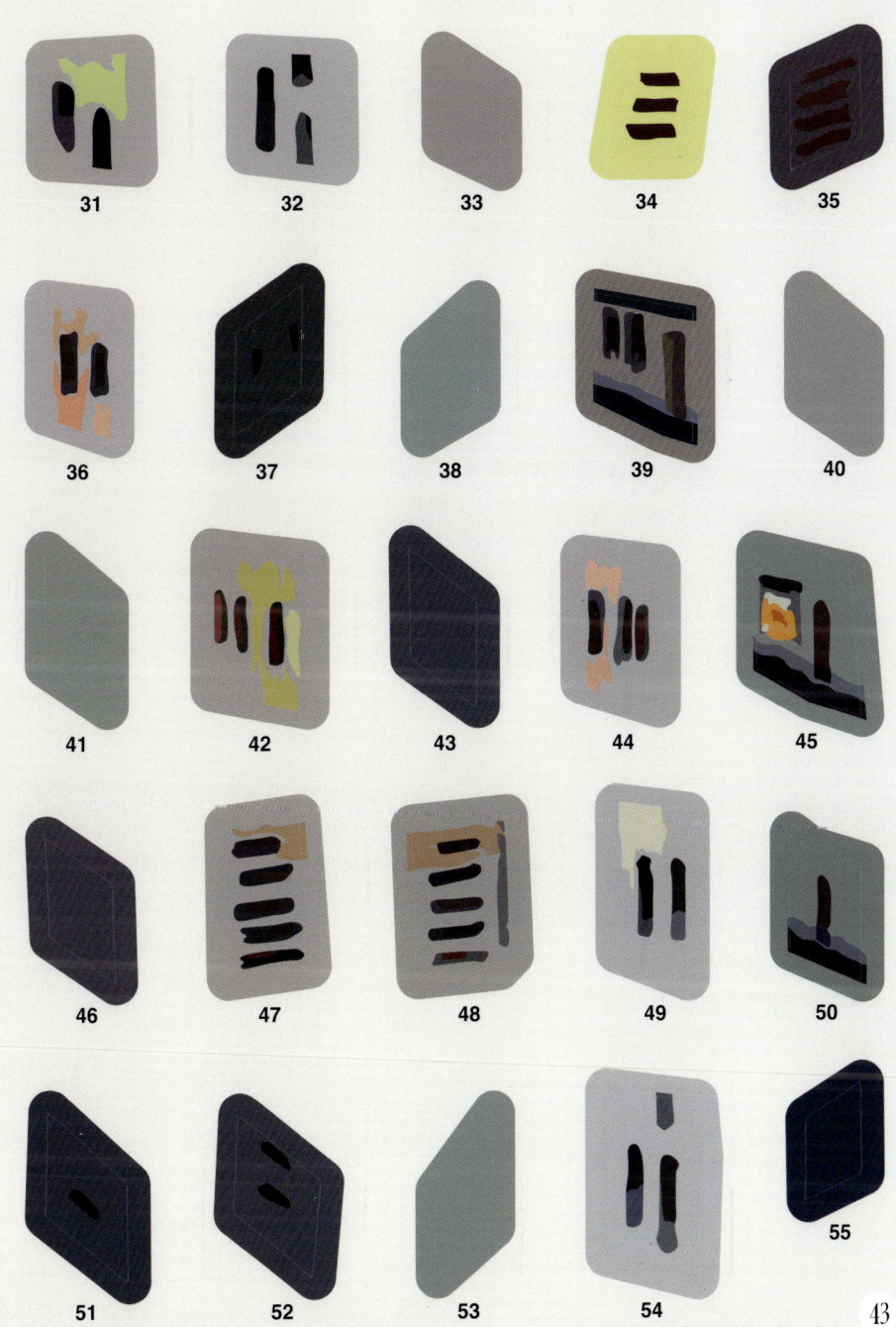

아말피 해안
Amalfi Coast

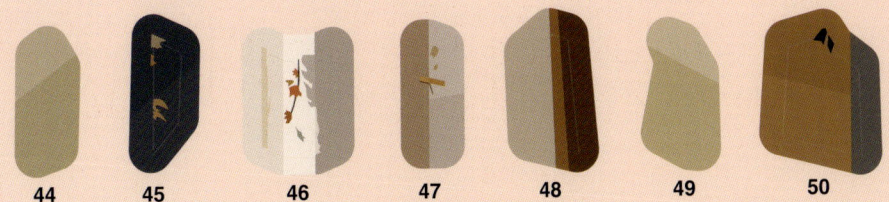

44 45 46 47 48 49 50

스티커 1~45

아히르카피 등대
The Ahirkapi Lighthouse

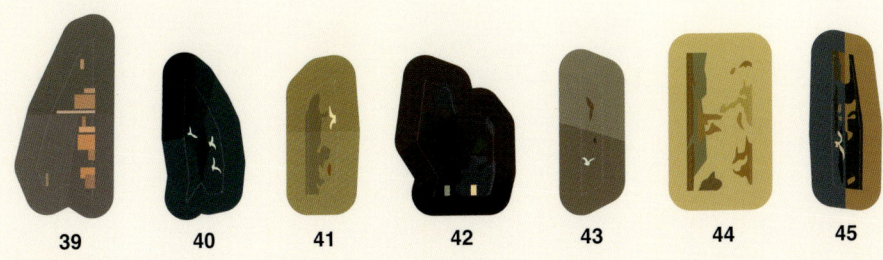

39　　40　　41　　42　　43　　44　　45

51

스티커 1~55

대운하 건너편 산 조르조 마조레 섬을 바라보는 풍경
View across the Grand Canal to San Giorgio Maggiore

01

02

03

04

05

06

07

08

09

10

11

12

13

14

15

16

17

18

19

20

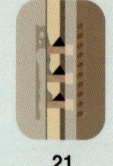
21

22

23

24

25

26

27

28

29

30

31

32

33

34

35

36

37

38

39

40

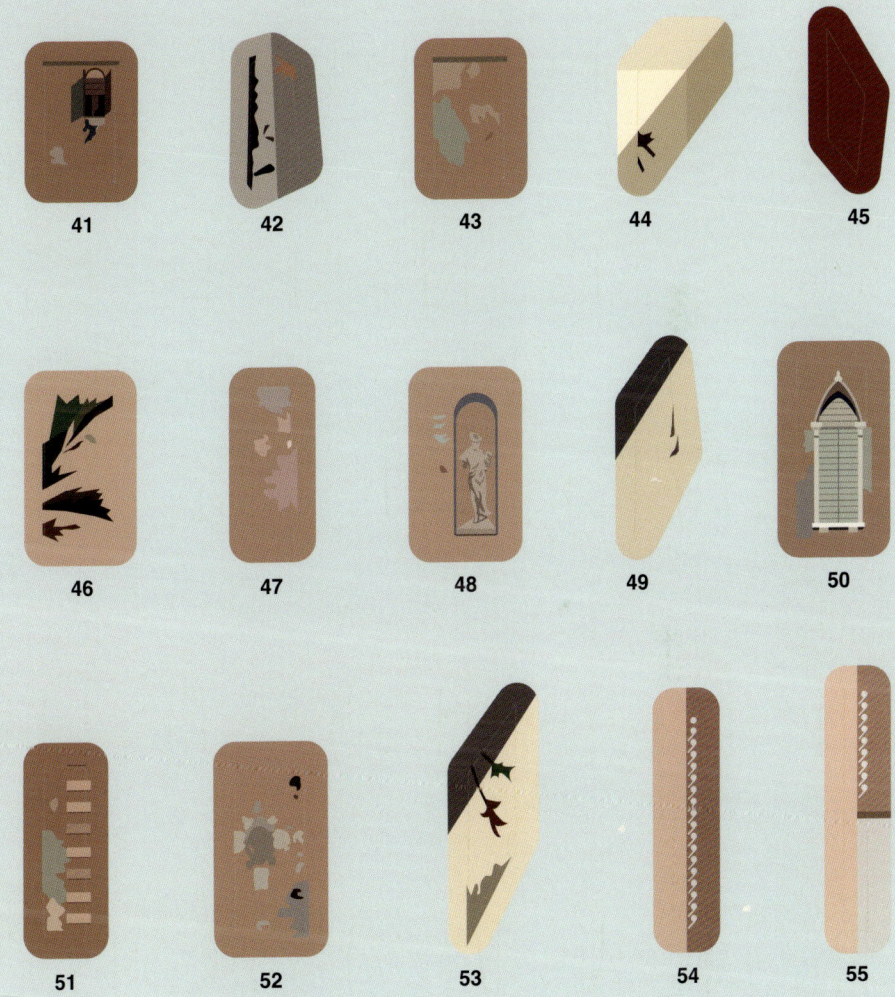

배에 탄 사람들과 그 너머로 펼쳐진 광활한 풍경
Figures in a boat with an extensive landscape beyond

01 02 03 04 05 06 07

08 09 10 11 12 13

14 15 16 17 18 19

20 21 22 23 24 25 26

27 28 29 30 31 32 33

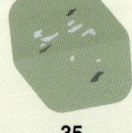    

34 35 36 37 38 39

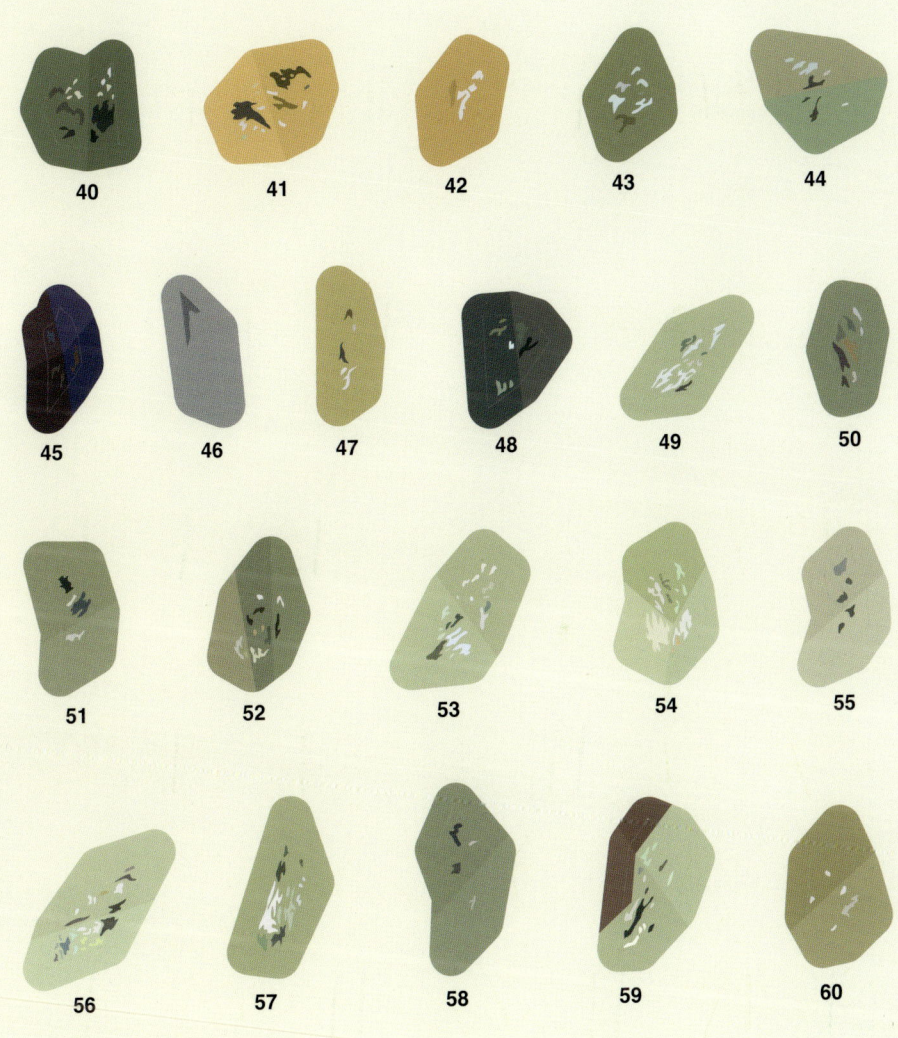

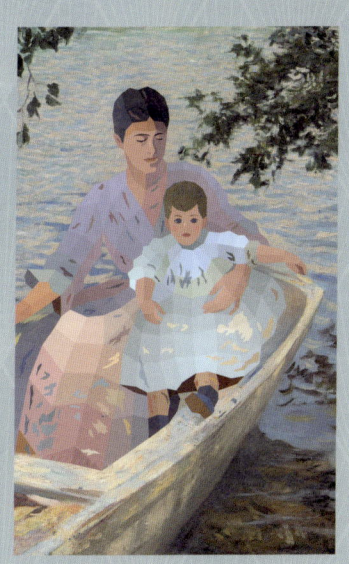

스티커 1~70

보트 위의 어머니와 아이
Mother and Child in a Boat

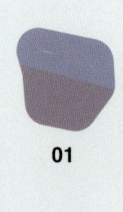 01
 02
 03
 04
 05
 06
 07

 08
 09
 10
 11
 12
 13
 14

 15
 16
 17
 18
 19

 20
 21
22

 23
 24
 25
 26
 27
 28
 29
 30

 31
 32
 33
 34
 35
 36

 37
 38
 39
 40
 41
 42

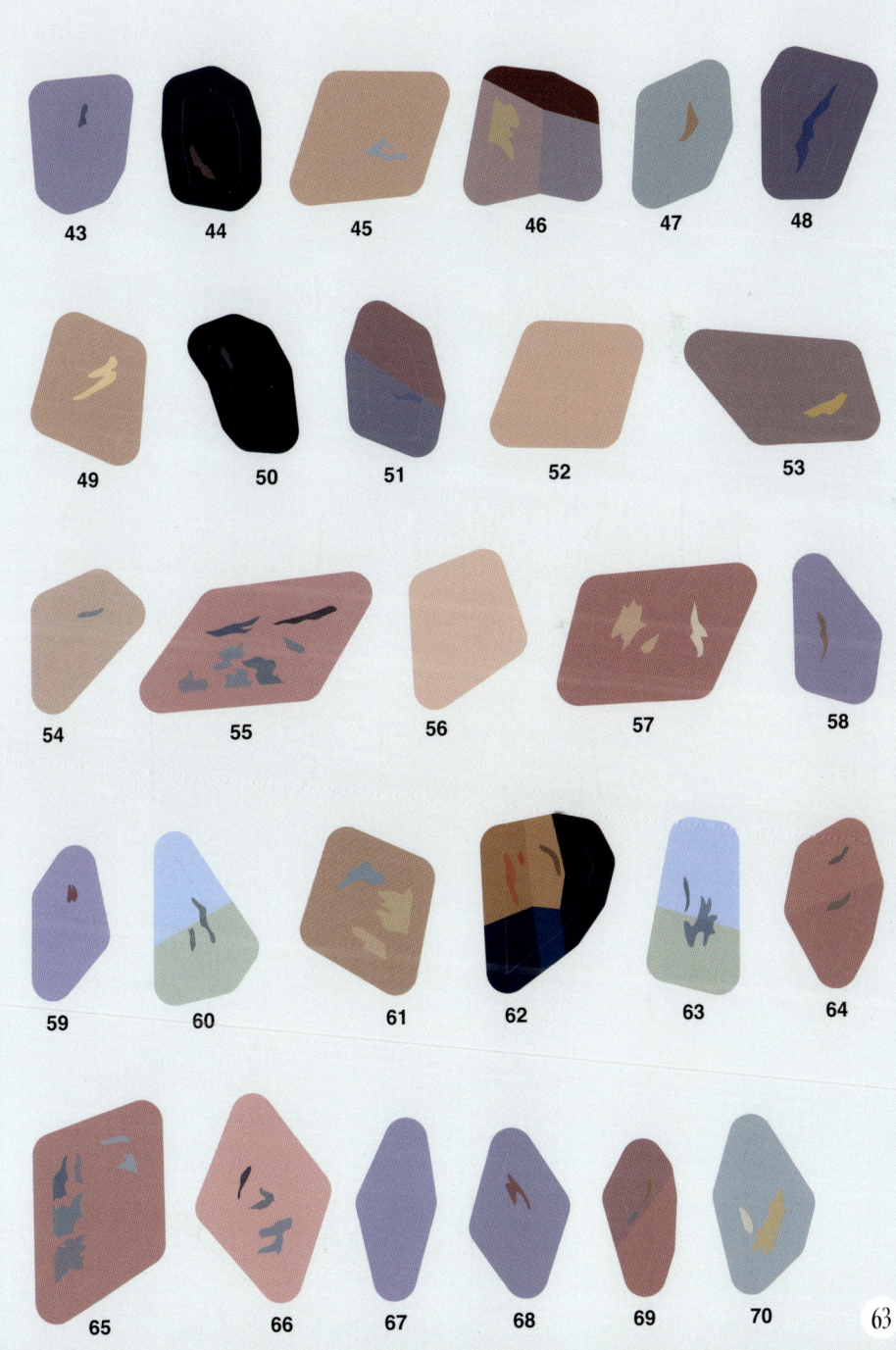

스티커
1~65

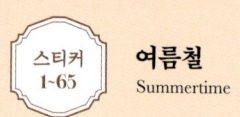

여름철
Summertime

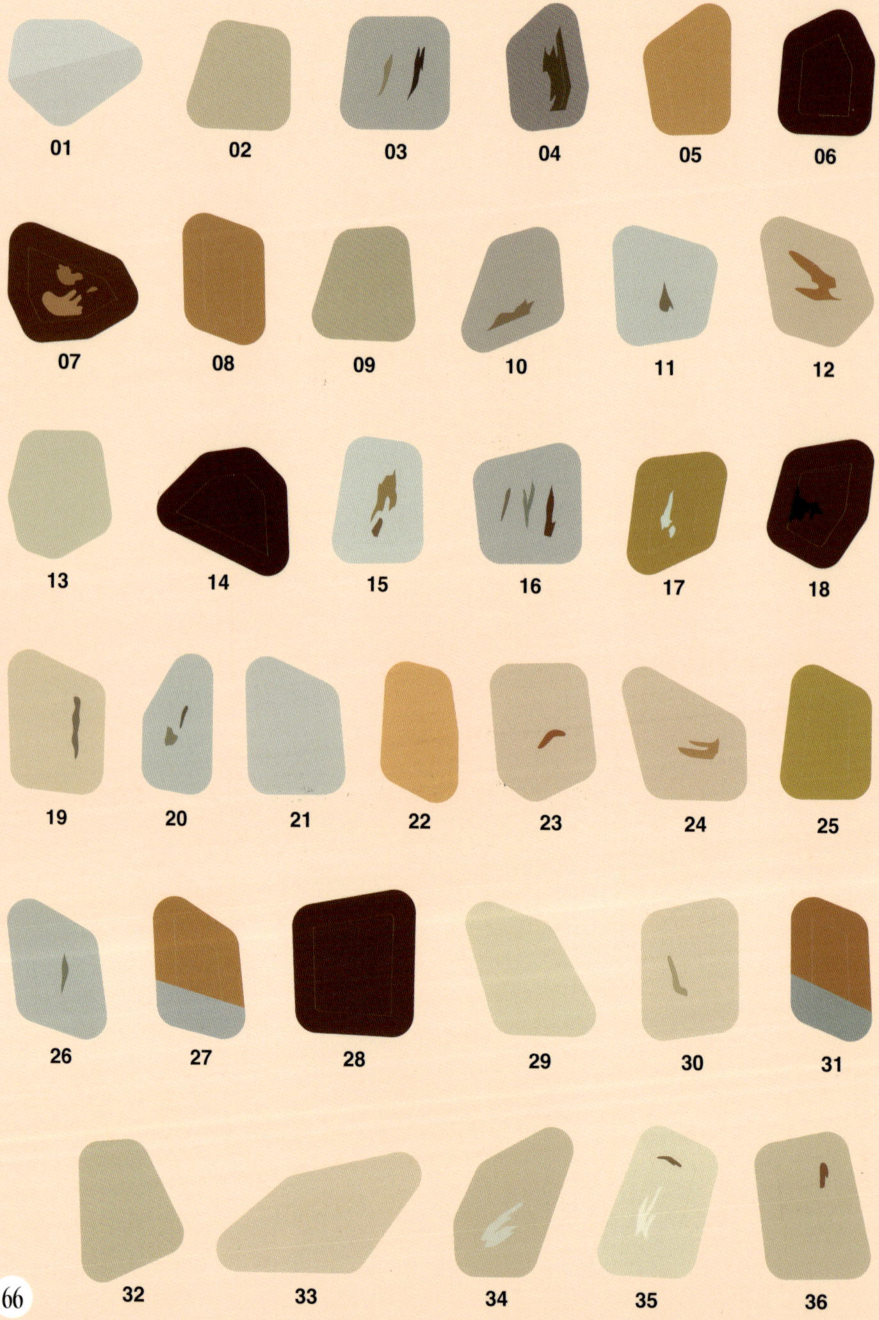
01
02
03
04
05
06
07
08
09
10
11
12
13
14
15
16
17
18
19
20
21
22
23
24
25
26
27
28
29
30
31
32
33
34
35
36

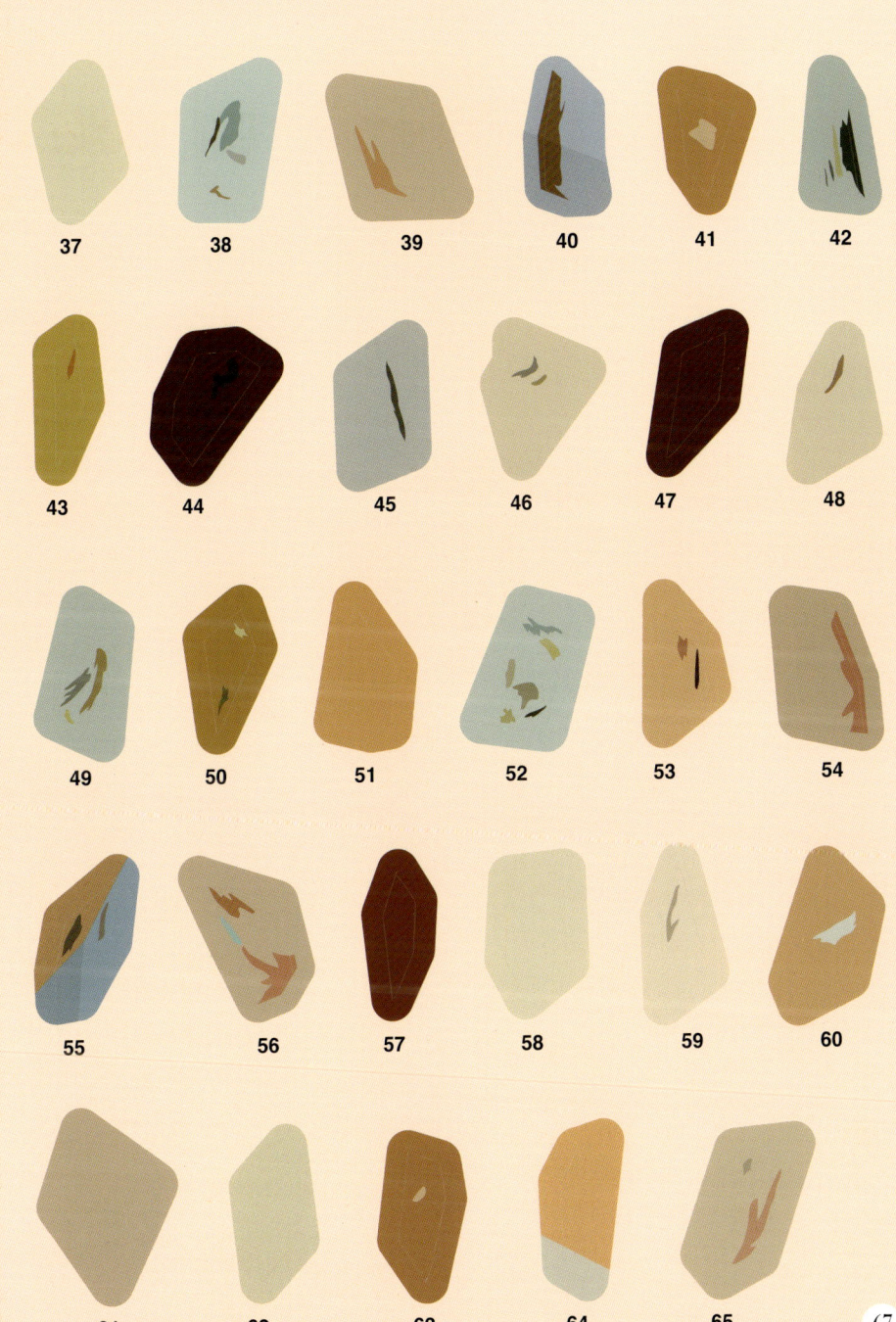

스티커 1~75 보트 탄 사람들의 점심
Luncheon of the Boating Party

01 02 03 04 05 06

07 08 09 10 11 12 13

14 15 16 17 18 19 20

21 22 23 24 25 26 27

28 29 30 31 32 33 34

35 36 37 38 39 40

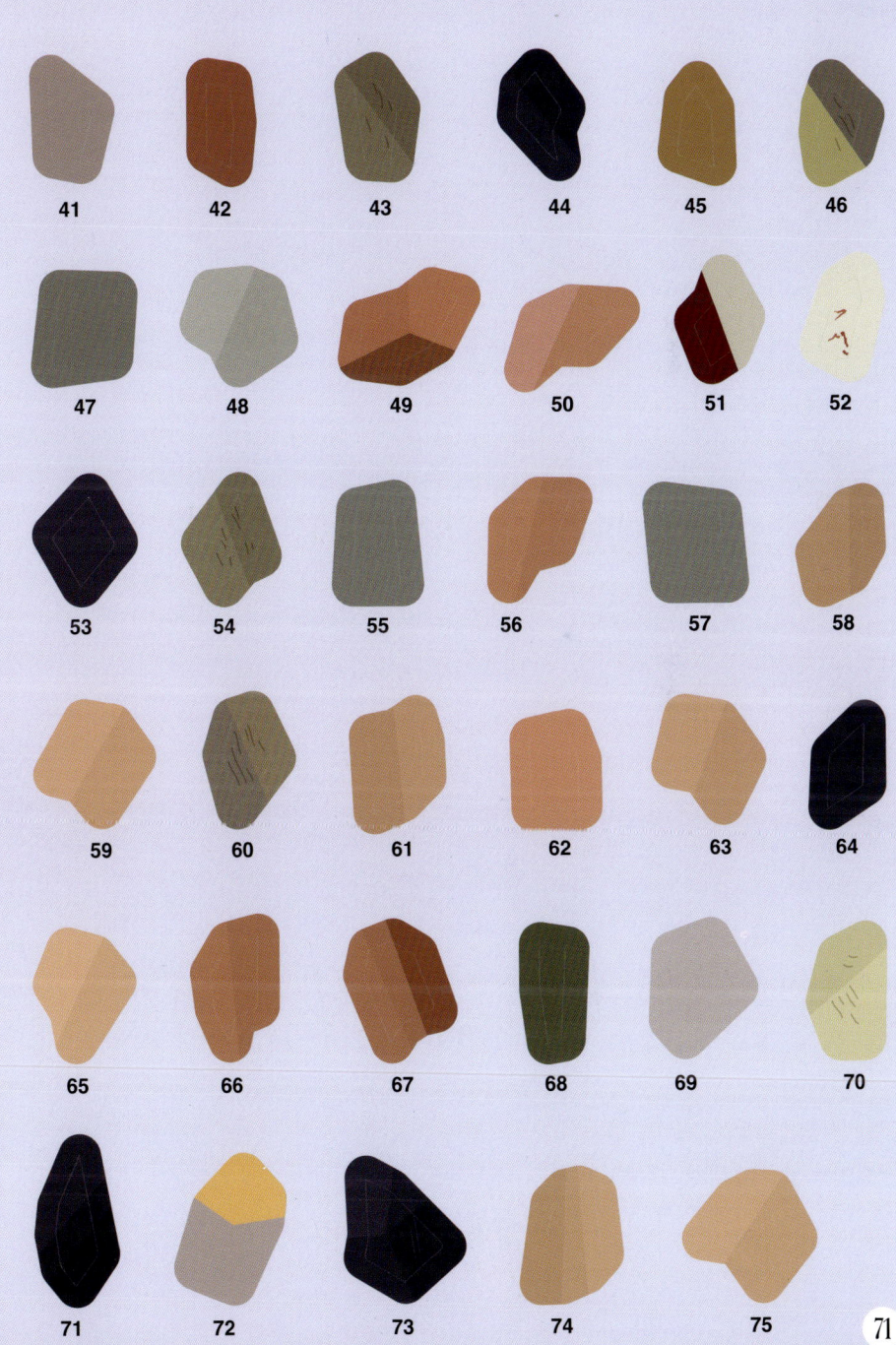